www.tredition.de

AF197933

Birgit Granzow

strömungsfern

Gedichte

www.tredition.de

© 2021 Birgit Granzow

Verlag und Druck:
tredition GmbH, Halenreie 40-44, 22359 Hamburg

ISBN
Paperback: 978-3-347-24632-4
Hardcover: 978-3-347-24633-1
e-Book: 978-3-347-24634-8

Das Werk, einschließlich seiner Teile, ist urheberrechtlich geschützt. Jede Verwertung ist ohne Zustimmung des Verlages und des Autors unzulässig. Dies gilt insbesondere für die elektronische oder sonstige Vervielfältigung, Übersetzung, Verbreitung und öffentliche Zugänglichmachung.

Gedichte 2019/2020

Vineta

Wir haben die versunkene Stadt gesehen.
Die Schaufenster sind voll Wasser gelaufen
und das Riesenrad hatte Schlamm im Getriebe.
Tintenfische klammerten sich an Straßenbahnen,
die unter Wasser kreischten,
und die Frauen trugen Mäntel
aus Grünalgen über den Kiemen.

Vor dem Krieg

Stadtfahrt mit reichen Bäuchen:
Durch Kohle, Teer, Ziegel und Draht
fährt das Auge.
Die Tore sind zugeworfen.
Die Straßen nackt vom Regen.
Bauten gehen durch den Blick
und Stille wirft das Laub
auf entfernte Episoden.
Zum gemütlichen Ausgang
wird es nicht kommen.

Bochum

Die große Glocke am Willy-Brandt-Platz,
angefertigt 1867 für die Weltausstellung,
wiegt fünfzehntausend Kilogramm.
Sie schlägt keine Stunden mehr.
Ihr Schatten fällt schräg Richtung Bürgerbüro,
wo die Agaven hinter den Fenstern
dem Gemurmel der Passanten lauschen.
Eine rote Plastikgießkanne steht daneben.
Die Orangen am Früchtestand frieren.
Farbige Garnrollen im Fenster nebenan,
der Schneider in seiner Werkstatt;
Augen auf und Taschen zugenäht -
Die Rollen laufen.

Bangkok

Er fängt an zu rauchen, mitten im Satz.
Der Reisschnaps ist schuld.
Sein Hemd klebt am Rücken.

Im Film würde man jetzt auf einen
Ventilator an der Decke schwenken.
Ein Tag, an dem man von weitem Gewitter hört.

Vorm Fenster tropft einem Kind Eis aus der Waffel,
auf einer Straße in Bangkok.
Irgendein Kind, irgendein Ort.

Mitten im Satz
reisen wir ab.

Momentaufnahme am Ostwall

Lichtspielhaus
Seidenweber in der Passage.
Davor durchtrennt die Niederflurbahn
zweispurig die Straßennaht.
Das Katzenkopfpflaster liegt rund um die Bäume.
Wurzeln heben die Steine.
In der Bäckerei steht eine Mutter mit Kind.
Das Gesicht der Verkäuferin,
gerötet von der Ofenhitze.
Darf es noch was sein?
Streuseltaler und Puddingbrezeln,
glänzende Rosinenschnecken im Uhrzeigersinn.
Jetzt wieder eine Straßenbahn an den Orangen vorbei.
Ich sehe was, was du nicht siehst.
Die Verkäuferin summt leise,
nimmt Kleingeld aus der Münzschale und nickt.
Die Mutter schiebt ihrem Kind
ein Stück Rosinenschnecke in den Mund -
vorsorglich, damit es nicht schreit.

Änderungsschneider

Er näht Sonnenblumen an den Horizont
und fädelt Zeit in die Uhren.
Ernst und mit gesenktem Blick:
Sieben auf einen Streich.
Wo Nadeln fallen,
näht er die Umlaufbahnen ins System
und teilt und spult
den Tag vom Garn,
damit die Nacht ein Kleid
aus Symmetrie erhält.

Drei Besuche

Guter Heinrich deckt die Halde.
Wo Schildkröte und Drache wachen
über die glücklose Stadt.

Wasserreiche Unterwelt der Grubenpumpen,
im mächtigen Hafen weder Sand noch Korn,
entladener Geisterschiffe Fracht.

Zum Totentanz wird dir das Techno-Fest.
Auch die Delfine bringen kein Glück:
Sie stoßen ihre Köpfe an Beton.

Nur die Wasserschraube dreht sich
wie ein Weltfremdkörper
und wir flüstern: Gute Nacht.

Der alte Mann und die Wolke

Sein Auge ist verliebt:
Es will die Wolke anhalten
über dem See.

Jetzt friere ich dich ein, Augenblick,
sagt er am See zu der Wolke.
Stille hält die Welt an. Nur drei:
Sein Auge, die Wolke und er.

Sein Auge will die Wolke buchstabieren.
Den Augenblick alphabetisch ordnen -
doch die Kräfte schwinden.

Reisender ohne Koffer

Reisender ohne Koffer,
deine Füße haben lang
nicht mehr den Boden berührt.
Der du langsam wandelst,
hebe die Augen.

Reisender ohne Gepäck,
deine Augen sehen
unsichtbare Tage kommen.
Der du langsam voran gehst -
zögere nicht.

Alte Hände

Während seine Hände Sätze schreiben, altern sie.

Sätze bleiben.

Die Hände altern ohne Worte -

Sätze bleiben was sie sind,

nehmen seine Finger

und lassen sich schreiben,

bevor die Hände,

in einer unbekannten Zukunft

verschwunden sind.

Seesterne

Jemand sät Seesterne
ins schwarze Meer.
Ein Ausatmen lang
erklingen nachts die Trompetenfische.

Jemand schreib die Lieder nieder
in salziger Korallenschrift.
Ein Ausatmen lang
wehen Quallen als Schriftsetzer heran.

Die Insel lebt und hebt sich
aus dem Ozean
und Seevögel stürzen
durch bewegte Wolken.

Sandige Variationen
klimpert der Komponist am Strand.
Dann blättern
Lachmöwen die Seiten um
von der Ur-Partitur.

Qualle

Unberührbare, scheue Piratin aus Glas.
Gefrorene Schönheit eines Augenblicks,
der in See sticht und brennt.

Flamme ohne Feinde:
Fast unsichtbar, fast.
Die freischwimmende Träne im Meer.

Ein Kompass aus Wasser und Nichts.
Eines der vielen Augen Gottes,
mit dem er uns unter Wasser anblickt.

Die Sprache verschlagen

Wenn ich bloß den Augenblick

aus

ein

ander

falten

und darin für immer wohnen könnte –

es würde der Zeit

die Sprache verschlagen.

Boarding Time

Wir sind nicht von hier.
Das ist nur die Schalterhalle
vor dem Abflug.

Eines Tages
schlagen wir die Augen in
einem anderen Land auf.

Morgen oder
im nächsten Jahrhundert
wird uns jemand
auf der anderen Seite wach küssen.

Dann kommen wir
für immer
auf den Punkt.

Auf der Jagd

Sein Ohr macht Jagd auf ihre Stimme

in den Straßen am Fluss.

Seine Augen wünschen,

sie käme um die Ecke;

und da kommt sie.

Seine Hände träumen,

sie möge ihn ansehen, im Vorübergehen.

Doch dazu kommt es nie.

Sein Herz hat einen Plan mit ihr -

aber er bleibt allein auf dem

Schulhof stehen und sieht ihr nach.

Die anderen lachen.

Padang Bai

Die Eidechsen liegen
wie Fragezeichen in der Sonne.
Eine Insel für die Prospekte.
Es ist Freitag, Robinson.
Das große Schiff legt an
im Hafen von Padang Bai.

An Deck lagern Touristen,
starren hungrig in die Sonne
und die Sonne starrt zurück.
Frauen mit öligen Beinen,
Männer in Sandalen und Shirt,
fleckige Geldscheine
in ihren Klettverschlusstaschen,
zurück von den Inseln,
den strömungsfernen.

Tropen

Ein riesiger Parkplatz.
Die Lagune hinter dem Hügel.
Frauen mit Stapeln von Batiktüchern,
die sie auf dem Kopf transportieren.
Die Wirklichkeit imitiert die Bildbände.
Die Tropen kleben,
Massage in einer der Strandhütten.
Ein leiser Wahnsinn weht vom Meer
Haut in Fetzen.
Die werden wir nie mehr los,
sagen die einen.
Da kommt Geld,
die anderen.

Kopfbahnhöfe

Die Kopfbahnhöfe am Ende
eines Lineals. Die Nacht zieht
eine Linie. Links läuft das Meer
am Kopf entlang.
Hinter dem Abteilfenster
surren die Birken vorbei.

Am Ende der Nacht
erwacht man zweiter Klasse mit
dem Kissenmuster auf
der Wange und jemand reißt
ritsch ratsch
die Abteiltür auf und
bricht den Tag an:
Die Fahrkarte, bitte.

Feuerschuhe

Sie wartet im Palast

mit dem Spiegel im Gespräch.

Und du, Jäger, hast ihr

das Herz eines Rehes gebracht,

oder war es nicht doch deines?

Hast für sie den Mond angeschossen

und im CERN das Licht in ein Kästchen gesperrt.

Sie geht in den Wald als alte Frau

und begegnet sich selbst,

begegnet ihrer Jugend.

Apfel, Riemen und Kamm.

Wippende Krähen spotten vom Baum.

Sie muss in Feuerschuhen tanzen:

High Heels aus glimmender Kohle genäht.

Jäger und Maler

Du hast lange gejagt in der Morgendämmerung
dich mit Fellen bedeckt gegen Kälte und Schnee.
Du gabst den Sternen über dir Namen.
Sie zogen bis an den Rand der Augen -
Deine Bilder blieben
in den Höhlen von Vallon-Pont-d'Arc:
Auerochsen und Wollnashörner
von wilder Schönheit.
Höhlenlöwen im Sprung.
Zweihundertfünfzig Generationen
malten daran weiter.
Durch eure Augen sehen wir an der Felswand
mehr als nur ausgestorbene Tiere.

Akzente

Sie sitzen und pressen die Knie aneinander,
lachen in ihren Akzenten.

Er hat Augen,
in denen das Licht brennt
das sie sucht.

Bald schläft sein Mund neben ihr.
Schläft und spricht
im Traum: Komm, komm.

Sätze

Sie hat seine Sprache gelernt und er ihre.

Seine Sprache ist wie ein unruhiger Vogel in ihrem Mund.

Die Worte flattern mit ihm davon, wenn er geht.

Das ist lange her.

Ein Jahrhundert später rollen die Wörter

vorwärts durch die Zeit,

und immer noch sagen die Liebenden

Sätze wie „Ich liebe dich".

Die Sprache kann nichts dafür.

Hofgarten

Du kehrst aus dem Garten
mit grünen Augen zurück.
Dein Haar hat im Abendlicht
die Farbe von Zucker und Zimt.
Wir gehen und schweigen.
Die Rosen halten still
und erwarten uns.

Maxplatz

Im Café am Maxplatz sitzen sie am Fenster:
Ein Mädchen mit kirschroten Lippen und ein junger Mann.
Ihr Finger wandert mit verblüffender Zielstrebigkeit
auf die Mitte seiner Brust zu.
Der Mann nimmt ihren Finger,
wie ein Tier, das er einfängt.
Seine Hände umschließen ihre Hände.
Er öffnet sie wieder und gibt einen Kuss
in die Innenfläche ihrer Hand.
Sie legt seine Hand auf ihre Wange.
Dann kommen die Hände in der Mitte
des Tisches zur Ruhe und liegen aufeinander.
Als bliebe es immer so.

Rheinufer

Ich bin bereit, sagt das Mädchen zu sich.

Sie können es mir nicht verbieten.

Unten am Fluss kehrt langsam Ruhe ein - der Regen fällt.

Wasser fällt Wasser entgegen.

Am Ufer des Rheins schlafen

die Schirme vor den Cafés

und die Bücher schlafen

im Schaufenster des Antiquariats.

Der Rheinturm schaukelt und blinkt

wie ein schlagendes Herz um zwei Uhr nachts.

Die Frau ist davon gegangen,

und der Mann ist davon gegangen,

und ihre Stühle stehen

und warten auf den Morgen.

Schnappschuss

Der Morgen bringt einen neuen Tag.

Neue Tag bringen neue Wünsche.

Da gehen wieder zwei,

gehen am Ufer des Flusses entlang.

Sie macht einen Schnappschuss vom Schiff

und sagt: „Zur Erinnerung" - und meint ihn,

und meint das Schiff und meint ihr Leben.

Der Mann lacht und weiß nicht warum.

Sein Lachen zerbricht an ihrem Mund als er sie küsst.

Am Apollo-Theater blüht der Löwenzahn.

Gelbe Sterne auf Grün.

Bannmeile

Am Rheinufer liegen
Menschen auf der Wiese.
Sie haben die Schuhe ausgezogen
und neben sich gestellt, als stünden sie zum Verkauf.
Der Mann hebt einen Finger
und zeigt auf den Landtag.
„Die Bannmeile", sagt er,
und er meint sie und meint den Landtag
und meint sein Leben.
Sie beugen sich über einen Stadtplan
und ihre Fingerspitzen gehen durch die Straßen der Stadt
auf getrennten Wegen.

Nordpark

Tausche Ich gegen Wir, denkt sie.

Sie fühlt ihren Körper von innen.

Sie ist sich nah, wenn er nah ist.

Hoffentlich zerbricht er mich nicht, denkt sie.

Tausche Ich gegen Wir und Du gegen Ich und um uns herum

vertraute Gegenstände und gemeinsamer Lärm.

Ich zeige ihr mein Leben, denkt er.

Lass uns den Sommer durch Zwei teilen

und mit Liebe multiplizieren.

Erlebnisse sortieren, nach Größe, nach Form.

Hoffentlich verändert sie mich nicht, denkt er.

Es vergehen gemeinsame Tage:

Er und sie, aufgelöst in der Nacht

und wieder zusammen gesetzt am Morgen.

Er fühlt sich lebendig, wenn sie da ist.

Sein Blick ruht auf ihr.

Sieh nur wie sie leuchtet! denkt er.

Es wird leicht sein, sie zu lieben.

Fenster zur Sonne

An manchen Tagen strahlen die Dinge.

Seine Stimme klingt in ihrem Ohr

aus der Weite des Raumes.

Die Stille ist länger als der Satz.

Sein Schweigen ist ihr so vertraut

wie seine Stimme.

„Ich bin es", sagt er.

Sie hört in diesen Satz hinein.

Das Fenster ist geöffnet. „Ich habe Zeit."

Sie steht am Fenster und hört die Geräusche der Straße.

Die Welt grenzt an ihre Haut.

Sie sickert durch ihre Poren, ohne Grenze.

Alle anderen Menschen bleiben nur Bekannte.

Nichts ist perfekt, denkt sie. Damit kann ich leben.

Berliner Allee

Die Straßenbäume blühen,

im Gleisbett wächst der Löwenzahn.

„Und du?", fragt er am Telefon.

Die Sonne fällt als Ball durch Straßenschluchten,

und jemand pflanzte Kübelgrün am Bürgersteig.

Vielleicht der Geigenbauer aus der 17.

Mein Schreibtisch steht am Fenster, sagt sie leise.

Ich kann die Bäume sehn,

die im Frühling mit den Blättern leuchten,

weiß wie Taschentücher,

mit denen der Baum den Passanten winkt.

Später färben sie sich dunkler, sagt sie,

nach den warmen Tagen.

Dann ist der Baum im Herbst angekommen.

So wie ich, sagt er. So wie wir.

Comic Café

Manchmal schläft sie im Laden ein:
Die Frau im Comic Café von Brüssel.
Ihr Zuckerwattehaar hat die Herbstfarben
von Flämisch-Brabant.
Ein fensterloser Raum mit Regalen bis zur Decke,
an der Straße der Brautfriseure.
Es riecht nach Popcorn und altem Papier.
Schülerinnen blättern in Heften und
rauchen heimlich auf dem Klo.
Die Frau mit dem Herbst im Haar gähnt
und dreht sich eine Locke um den Finger.
Ihre Hände langweilen sich seit den 80er Jahren.

Einschlafen

Schlaf bricht in den Zellen an.
Im Verzeichnis lieferbarer Träume
fährst du mit dem Finger
über das Alphabet von Augen bis Zähne.

Du flatterst mit den Wimpern
REM-Phasen aus Speichel und Wortfetzen.
Dein weißer, glatter Fremdkörper hat
Lebenslauf und Flugbahn geändert.
An den Steinen liegst du, über dem Fluss.

Hinter den Lippen atmet es.
Die Temperatur sinkt. Im Tiefschlaf
seufzen die Riesen und warten
auf ihren großen Auftritt in deinen Träumen.
Du steigst hinunter in die Tiefe,
wo keine Bilder auf dich warten.
Nur Schlaf.

Aufwachen

Guten Morgen,
Zeitreisender, Traumoperator.
Wo findest du statt? Wann kommst du vor?

Die Tastatur der Fingerknöchel:
unauffindbar Ort,
wo du deinen Schlafkörper abgelegt hast.
Er findet sich im Morgengrauen wieder.

Die Einflugschneise zwischen den Kissen
ist besänftigt, die Intelligenz der Haut
um drei Punkte gemindert.
Öffne langsam deine Augen.

Du bist um eine Nacht gealtert,
und du fährst diese Rolltreppe
aus deinen Träumen hinauf.

Sirius

Zwecklos dort zu landen, sagt der Kosmonaut.

Man hört ihn auf der Erde

durch die akustische Nabelschnur husten.

Knisternde Silben im Äther.

Aufschlagen statt Landen.

Das Gefährt zerschmettert,

armer Argonaut.

Er verlässt die Traummaschine,

mit der er bis zum Sirius unterwegs war.

Blass kriecht er aus der Kapsel,

die Beine versagen ihm.

Mitten in der Wüste gelandet,

die sich weiter ausbreitet,

mit oder ohne ihn.

Der Archäologe

Mit Winkelkratzer und Spitzkelle

sucht er nach der versunkenen Stadt,

nach einer Verwandtschaft zwischen den Schriften.

Nur der Sand hört ihm zu.

Der Wind macht sich nichts aus seinen Fragen.

Er will mit dem Pinsel eine Stadt finden,

in der die Kinder mit Gespenstern spielen

unter der Asche.

Er sieht sie vor sich: Geschöpfe einer anderen Zeit.

Nur der Wind bleibt immer gleich,

türmt die Dünen vor sich her

und wirft wieder und wieder Sand

über freigefegte Flächen,

von Winkelkratzer und Spitzkelle keine Spur.

Edvard Munch

Der Schrei
ohne Worte
hat die Verwirrung angehalten.

Der Moment
auf einer Brücke,
in dem alle Zeit der Welt wohnt.

Auf dieser Seite des Bildes
passieren
die Schrecken.

Chagall

Neben dem Bogen ein grünes Gesicht -
Wir kreuzen auf den Linien Deiner Hand.
Wohin trägst Du die Musik in deinem Geigenkasten?

Selbst die Vögel singen farbig,
selbst die Kronen und Dächer
Wir warten, wir horchen.

Der Morgen freut sich am Rand,
breitet sein ziegelsteinrot
über die Mauern der Stadt.
Die Streicher fliegen davon.

Die Erfindung der Zeit

Man sagt,
die Mönche hätten die Stunden erfunden.
Und der Jüngste
habe eine Stunde,
verborgen unter dem Mantel,
in den Garten getragen
und frei gelassen.

Koch

Es ist schon halb vier.
Zeit zum Aufstehen,
kaltes Wasser ins Gesicht.
Rein in die kratzigen Sachen.
Ein Kaffee zum Mitnehmen,
schwärzer als die Nacht.
Das Koffein schießt durch die Adern
eines Körpers, der nie ausschläft.
Der Morgenhimmel über dem Bahnsteig
mit Sternen wie Milchspritzer übersät.
Er geht den Kiesweg entlang, der
unter den Schuhen knirscht.

Atlantis

Wellengang rückwärts.

Die Segeltaschen mit Salz gefüllt.

Durch Planken, Ruder, Tuch und Span

kippt die Pupille zum Horizont,

versinkt der Sextant

in schaukelnder Gischt,

Teleskoparm voran.

Das Ufer dreht uns den Rücken zu:

Wirbel für Wirbel

laufen wir auf -

Die Boote glänzen.

Flutlicht

Der Katzenberg liegt in der Bucht,
dunkel und weich.
Als hätte jemand
einen großen Schuh vergessen.

Tiere kriechen aus dem Schlick:
Tagtiere und Nachttiere,
Krebse mit Sichel und Speer,
silberne Lachse mit abgeschürften Kiemen,
schmatzende, speckglänzende Robben.

Nachts trinkt ein Mond
die Salzwasserbucht leer,
schlürft sie aus bis auf den Kieselgrund,
speit sie am anderen Ende der Welt
als Flut wieder aus.

Aufwärts gekämmt

Am Pier schaukeln Boote
wie Schwäne an der Leine.
Aufwärts gekämmt der Himmel.

Als ob nichts wäre.
Sanft und sauber rauscht das Julimeer,
wie von einer Schallplatte.

Ein toter Bock am Strand:
Vier Hufe in den Himmel gestemmt,
zorniger Wollberg im Watt.

In den Dünen hockt ein Haus,
blickt entschlossen dem Wind entgegen,
hält still und erwartet die Uferschwalben.

Auf dem Darß

Wenn die Sonne über Fischland rollt,
wird die Hängematte am Weststrand
zwischen zwei Windflüchter gespannt.
Die große Tauchgondel sinkt
ins baltische Meer
an der Seebrücke von Zingst.

Belte und Sunde
am Brackwassermeer.
Zeesboote kreuzen
mit Klüver und Fock
auf prophetischen Linien.
Wir schreiben unsere Namen
mit Kielwasser in die Ebbe.

Montag

Stimmiger Lärm ohne Übergang
zur Hauptverkehrszeit,
Wildwechselschild rechts.
Dünne Hunde, kleine Gärten.
Schalenwild geht bevorzugt ihm bekannte Wege.
Wir tun es ihm gleich.
Jeden Montag
verwehte Tauben unterm Bahnhofsdach,
Pizzawespen am Markt
und die schroffen Karrieren,
von denen wir in der Kantine hören.

An der Brücke

Das Bullaugenmädchen
mit dem Schifferklavier,
eine verhängnisvolle Melodie
orgelnd.
Sonnenglut in Streifen
über ihrer Strohhutschleife.
Sie fällt aus einer Zirruswolke
auf ein Planquadrat zu.
Die Matjesfinger
fliegen über die Tasten.

Fanad Head

Abends auf dem Schweinebuckelberg:
Das Gespräch der Leuchttürme:
Ein Dialog aus Licht.
Der Leuchtturm von Tory Island,
der Leuchtturm von Inishowen
und Aranmore
trommeln am Rande Europas
langes dünnes Licht
in die Nacht hinaus.

Daunennacht

Der Abend kommt weich und rot
aus dem Westen hervor.
In Kerrykeel und Mulroy Bay
legen die Möwen die Schnäbel
unter die gefiederte Nacht.
Alles hält still
und wartet auf die Dunkelheit
in der Daunennacht am Pier von Araheera.

Noah

Ich baue schon lange
unter Gelächter
wasserdicht, mit Pech bestrichen,
und weit und breit
keine Spur von Regen.
Nicht ein Wölkchen.
Herr im Himmel,
ich mach mich zum Narren, weißt du.
Und wie soll der Kasten dann heißen?
Ich nehme also alles mit,
was einen Namen hat.
Na gut.
Einmal durchzählen, bitte.
Das wird eng…

Der Himmel wird schwarz über uns.
Melde dich bitte, dein Noah.

Fensterplatz im Himmel

Möchten Sie etwas aufgeben?
fragt die Frau am Flughafenschalter.
Sie lächelt auf ihre Fingernägel,
wartet höflich
bis wir mechanisch nicken:
Alles. Hier. Aufgeben.

In der Kabine verteilt eine Stewardess
Orchideen zum Anstecken.
Ihre Uniform hat die Farbe von Luftpostumschlägen.
Blüten aus allergiearmer Züchtung.

Die Sonne macht einen weiten Bogen um uns
als das Flugzeug in eine Wolkenschicht taucht,
die das Land unter uns verbirgt und
die Hochglanzoasen aus den Prospekten verspricht.

Salzburger Land

Wenn der Regen Blasen wirft, sagst du,
wird es lange regnen.
Und dann, wenn die Erde
dunkel und vollgesogen ist,
und die Baumgrenze
auf dem Berg gegenüber schwarz,
und die Luft kühl -
werden wir aus unserem
Zimmer auf die Terrasse treten,
unsere Gesichter zum Wald wenden
und mit den Augen den Punkt suchen,
an dem langsam die Baumaschinen
in der Dämmerung versinken.

Dämmerung im Hofgarten

Im Hofgarten fallen am Morgen
die gelben Gedanken.
Rund um die Kehrmaschinen hat der Wind
sich ein Kleid genäht mit
ausgefransten Wurmstichmustern.
Bleistifte von morgen
beugen sich über die Bänke.
Eine einzige Grammophonblüte
lauscht dem Sprühregen.
Die anderen zeitlosen Gewächse
blicken hinauf zu den drei Kindern
aus schwarzem Stein.
Zu Füßen ein Froschballett aus Grünspan,
Schenkel und Flosse;
Dämmerung im Hofgarten.

Jetzt

Durch die Straßen schwammen wir
wie Reisende ohne Stammbaum,
zueinander und nebeneinander her.
Wie können wir das Jetzt verlangsamen,
das Zahlungsmittel unserer Lebenszeit?

Silberfische im Möbelhaus

Der Körper sollte in ein Zimmer passen,
das einen mag, sagt die Fachkraft.
Identitätsstiftende Möbel
ohne Lebensablagerungen.
Ein futuristisches Fragment, eine möblierte Biografie,
verstehen Sie? fragt sie.
Ohne Kalkränder, ohne spitze Kissen.
Keine durchgesessenen Vertrautheiten,
sondern ein Sitzelement,
in dem sich die Lebensmitte ausbreitet.
Wir sehen uns unschlüssig an.
Die Dämpfe neuer Polstermöbel
wirken halluzinierend.
Im Kunden-WC huschen Silberfische
mit ungenauen Absichten dahin.

Die Stadt verlassen

Für immer diese Stadt verlassen.
Wie wird das sein?
An einem langsamen Samstag vielleicht?
Wenig Himmel, aprilfrisch,
offene Türen / Verkehrsnachrichten
Buttertoast und Taxi zum Bahnhof
Gleis vierzehn, der Zug fährt auf drei
Windräder zu
und daran vorbei
Intercity Pulverkaffee
Fensterplatz
ungenau unser Spiegelbild
auf vorbeiwischenden Wiesen -
Vor uns und weit oben
bricht überraschend die Sonne durch.
Und wir, ungeduldig, planen verwegen
ohne Verspätung.

Mulroy Bay

Die Gischt atmet ein und aus über der Insel.

Der Mast knirscht,

ein Berg badet in der lächelnden Bucht.

Der Strand liegt knochenweiß und lang wie eine Fischgräte,

blank und gebogen.

Aus dem Meer wächst Seegras ins Land hinein,

wiegt sich unter jeder neuen Flut.

Die Welle nimmt fauchend ab und zu.

Über die tausend weißen Augen der See

kommen Wolken. Wie graue Hunde jagen sie

dahin und wetzten die Kiesel mit Wasser rund.

Madame Bovary

Wenn du ihn verlassen willst,
weiß er es schon.
Du brauchst nicht zu schreiben.
Eine kleine Schmeichelei
könnte dich vernichten.

Beweg dich schweigend.
Behalte deinen Plan für dich.
Wenn du aufbrichst,
sei unauffällig harmlos.

Behalte die Tür im Blick,
die Wand im Rücken,
denn wenn du gehst,
weiß er es schon.

Hunters Bar, Tokio

Niemand zieht die Rollläden hoch
oder dreht das Schild „Open" um.
Die Bar ohne Charme hat nur einen Gast:
Ein Mann namens Mike schaltet die Musikbox ein.
Den Rest des Tages passiert nichts mehr,
nicht mal die Preise steigen.

Wohin ich auch gehe, ich lande immer hier, sagt Mike.
Er grübelt.
Wenn die Drinks auf mich zukriechen,
bin ich unterwegs - hier oben,
sagt er und tippt sich an die Stirn.
Sein Blick fällt auf die eingetrocknete Bierpfütze,
und auf die Gardinen aus Staub.
In seinen Augen steht Schiffbruch
und er schwimmt
in Gedanken
davon.

Moabit

Am Morgen ist der Park noch leer
von Grashändlern, die schlaftrunken blinzeln.
Ein einsamer Freigänger im Morgenrot
kehrt nicht in den Sicherheitsgewahrsam heim.

Es raschelt die Stadtreinigung
mit zerknüllten Räumungsklagen,
Katzen dösen in den Fenstern.

Verwunschen still ist Paules Metal Eck
bis in den frühen Nachmittag.
Am Kreisverkehr steht einer leicht benebelt
und raucht den Rest vom Tag auf Lunge.

Insel

Die Insel,
die du jetzt bist,
wird untergehen.

Dieses dehnbare Gebilde
aus Lächeln, Muskeln
und Bewusstsein.

Die schöne Landschaft,
die du bist, die Küste,
die Insel, die sanfte,
wird verdunkelt.

Titanic

Als sich auf dem Schiff unsinkbar

in nassen Betten aufgeschreckt

erhoben und auf Deck gerannt

alle Blicke auf die Rettungsboote richten

und der Rumpf sich knarrend erhebt

in den schwarzen Wellen

wird einigen klar

es ist der Abend der Welt

ein kalter Untergang für alle Klassen.

Was? Wohin?

Licht fällt durch die Bullaugen

Münder schräg gegen Bug aufgerissen

unhörbar Schreie unter Wasser

Jetzt, sagt der Tod,

Alle aussteigen wir sind da.

Januarmond

Der Mond schleicht
mit dem Rücken zur Wand um die Erde.
Da stimmt doch was nicht.
Wie ein Dieb in der Nacht.
Undurchsichtig. Wende dich, Sulamith!
Der große Halbe am Himmel: Hartung.
Ich habe den Überblick, sagt der Mond,
weil ich ein Schweigender bin.

Februarmond

Siehst du mich, Schneemond? Ja, hier unten.
Hier! Heute bist du eine halbe Sache.
Der Mond auf Verdauungsspaziergang.
So ganz allein da oben, Fänger im Himmel?
So allein heute Nacht?
Besser ein halber Mond, als gar keiner.
Ich liege unter dir und friere.

Märzmond

Er kann den Mund halten,
der verschwiegene Trabant.
Viele seufzen hinauf zu ihm.
Ein Seelsorger in der Umlaufbahn.
Wie die Nacht gerade fällt, Luna, rundes Brot,
weiße Kachel, kühler Käse.
Lenzmond verteilt die Nacht
ungleichmäßig an allen Ecken
und Enden der Erde.
Man kann schließlich nicht überall sein,
sagt der Mond.

Aprilmond

Der Ostermond fährt Karussell um die Welt.
Sehr langsam. Er sieht durch die Bürofenster,
lässt sich den Rhein hinuntertreiben.
Mister Mond, ein heller Kopf.
Die Hasen haben dir an den Rheinauen den Tisch
für ein Gabelfrühstück gedeckt.
Die Fledermäuse erwarten dich.
Auch die Stadt starrt hinauf,
verliebt in den Mond. Komm zum Stillleben.
Komm und sei Neubau mit Pfütze an Schnee im April.
Auftritt: Der Mond. Schneematschiger Mond.

Maimond

Tiefgefrorener Himmelsgouda.

Karibischer Unterwassermond,

gezogen von Seepferden.

Hausmeister der Meere: Mond.

Die Austern öffnen sich dir, die Hummer fragen.

Unter dir liegt die Welt wie ein Teppich

in einem unordentlichen Wohnzimmer.

Im Paradiesgarten lächeln die Hunde zu dir hinauf.

Nachtkerzen duften auf entgeisterten Terrassen.

Uhus flattern dem König der Schwindsucht entgegen:

Blumenmond, alter Haudegen.

Junimond

Geheimniskrämer, unter vier Augen -

kriecht rund um die Welt wie ein Schildkrötenrücken.

Zittergras am Stadtrand.

Wer hat sich dort im Vorhang verheddert?

Der Mond. Dann werden die Sterne gehisst,

gehen auf und winken.

Erdbeermond, der sich durch Weidenäste schummelt.

Ein freundlicher Mieter in den Zweigen.

Augustmond

Ich habe dich im schwarzen Garten gesehen,
stiller Störmond im August.
Bullauge im Uhrzeigersinn.
Die Nacht steht mit aufgerissenen Augen da.
Das Licht wird gefilmt.
Himmelskörper mit vier Buchstaben.
In einem ungelösten Kreuzworträtsel
leben ein paar Silben weiter.
Atmen noch flach: Morsealphabet.
Sterbenswörtchen, mondsüchtig.

Fliege

Fliegenbeine trippeln auf der Fensterbank,
tanzen mit ihrem Schatten,
der nur ein Punkt ist.
Ein winziges Satzzeichen.
Fliegenbeine wie Wimpern.

Sie setzt zum Sinkflug
auf das duftende Butterbrot an.
Die Butter, leicht geschmolzen
an der gelben, weichen Oberfläche,
glasig glänzend.

Die Fliege fliegt eine herzförmige Schleife
auf das Brot zu: Großporiges Weißbrot,
das nur kurz in einer Zellophantüte lag
und nach Hefe riecht, ganz leicht.

Sie landet sanft auf den Brotporen, sanft, sanft.
Trippelt federnd über die Brotlandschaft
auf den Butterrand zu und verbeugt sich.

Audrey

Audrey H. kauft eine Infrarotlampe und benutzt sie nicht,
eine Gardinenstange und hängt sie nicht auf,
stellt eine Frage und vergisst sie wieder.
Ihr schönstes Weihnachtsfest war ihr letztes,
sagt die Frau in die Kamera.
Sie hätte ihn nicht heiraten dürfen,
diesen Schürzenjäger.

Audrey sitzt sterbend in ihrer Villa
und sieht auf den gekräuselten Genfer See.
Sie war Gigi, Sabrina, Marian.
Für Unicef war sie Audrey,
im Krieg damals Edda,
und jetzt ist sie die Bewohnerin der Traurigkeit,
dreht ein letztes Mal schwach den Kopf:
Welchen Tag haben wir heute?
Den vierundzwanzigsten.

Die Großstadt klein geschnitten

Klein geschnitten
in lauter Kästchen
unter meinen Pupillen:
Linie, Buchstabe, Zahl.
Ich fahre mit Zifferblatt
und Stimmgabel
durch die Stadt.
Auge fährt mit Auge
im Fahrstuhl aus Glas.
Oben am Südstern,
ohne Proviant.

Das Hotel gegenüber

Gegenüber liegt ein Hotel
Wer wohnt in den Zimmern
Immer Fremde
Mit ihren Geschichten

Wer wohnt in den Zimmern
Die Reisenden bleiben nur kurz
Mit ihren Geschichten
Geheimnisse hinter den Fenstern

Die Reisenden bleiben nur kurz
Ihre Stimmen entfernen sich bald
Geheimnisse hinter den Fenstern
Wohin das Leben sie weht

Ihre Stimmen entfernen sich bald
Gegenüber liegt ein Hotel
Wohin das Leben sie weht Immer Fremde

Im Kaffeehaus Europa

Überall sieht er sie:

Unsichtbare Leute,

die an den Marmortischen sitzen.

Sie zeigen stumm aus dem Fenster.

Komm und sei unser Zeuge, sagen sie.

Ihr müsst gehen.

Sie bleiben und warten. Niemand sonst sieht sie.

Verschwindet, sagt er und wird ärgerlich.

Mit wem sprichst du eigentlich die ganze Zeit?

fragt seine Frau.

Er lässt den Kaffeelöffel auf die Untertasse klirren.

Zahlen, sagt die Frau.

Die Theke klebt. Sie schiebt das Geld

über die Metallplatte

und verdreht die Augen.

Fähre

Samstags mit der Fähre von Blexen
rüber in die Stadt zum Einkauf.
Frauen mit Kopftüchern und Schmetterlingsbrillen.
Blusen, die unter der Achsel kneifen.
An der Schiffsreling lernt ein Kind laufen.
Der Wind bläht seinen Anorak.
Das Kind stemmt sich gegen die Bö,
als würde es gleich davonfliegen.
Darüber kreischende Möwen,
die in die Luft geworfene Brotkrumen
im Flug fangen.
Sie drehen im Wind ab.
Das Gefieder zittert.

Grenze

Noch ein ganzes Stück bis zur Grenze.

Sie sieht ihre Augen im Rückspiegel,

nervös ist sie und müde.

Der Abend weht am Fenster vorbei,

weht durch geteilte Länder.

Hinter der Grenze steht ein Zivilist in Camouflage

an der Straße, und sein Blick

fällt auf ihr Autokennzeichen.

Er hebt seine Hände und macht eine Geste,

als würde er ein Gewehr laden:

Er zielt auf sie.

Und sie kann sein Gesicht genau erkennen,

es ist völlig ausdruckslos.

Campus in Seoul

Der Sommer kommt:
Das plok plok des Tennisballautomaten
hallt über den leeren Campus.
Professor Kim übt morgens
seine Vorhand auf dem Tennisplatz.
Grell sind die Tage und heiß.
Bevor im August die Luft schwer wird.

Der Monsun kommt plötzlich eines Tages
und überschwemmt den Campus.
Die Zimmerwände werden feucht,
Es regnet wochenlang.
Jeden Abend steht ein Student
auf dem Dach des Hauptgebäudes
und sieht Richtung Grenze.
Ein Tennisball schwimmt
unter meinem Fenster vorbei.

Der Hafen von Pusan

Wir warten vor dem Imbiss am Hafen.
Stundenlang bleibt die Welt
in der Mittagshitze unbeweglich.

Mit einer Wegwerfkamera
knipst jemand die Schiffe,
Kippe im Mundwinkel. Riesenkähne.

Das Makeup der Mädchen ist tadellos,
die Plateauschuhe klackern auf dem Bootssteg.
Matrosen, die vom Tanker pfeifen,
Containerschiffe aus Wladiwostok.

Die Kellnerin in der Hafenbar bringt
Soju und Pollack in Streifen getrocknet.
Fußball-WM-Spiel im TV in der Ecke.
Und ab und zu sogar ein Nebelhorn.

MIX

Papier | Fördert
gute Waldnutzung

FSC® C083411

Zeitfracht Medien GmbH
Ferdinand-Jühlke-Straße 7
99095 Erfurt, Deutschland
produktsicherheit@kolibri360.de